JIM D.

GARFIELD

batterie de cuisine

TRADUIT DE L'AMÉRICAIN PAR
JEAN-ROBERT SAUCYER

Version française:
Presses Aventure, une division de
Les Publications Modus Vivendi Inc.
C.P. 213, Dépôt Sainte-Dorothée
Laval (Québec)
Canada
H7X 2T4

Dépôt légal: 3ième trimestre 1998
Bibliothèque nationale du Québec
Bibliothèque nationale du Canada

ISBN: 2-922148-43-2

Z
© 1986 United Feature Syndicate, Inc.
CRASH! DONK!
WHAP!
LE JOURNAL DU LUNDI
JIM DAVIS 10-13

JIM DAVIS 10-14
© 1986 United Feature Syndicate, Inc.
TIENS GARFIELD! OÙ ÉTAIS-TU DONC TOUTE LA JOURNÉE?
RONRON
SOUS TA BAGNOLE

PAF!
© 1986 United Feature Syndicate, Inc.
VLAN!
JIM DAVIS 10-15
POUMP!

TU NE ME CROIRAS JAMAIS, GARFIELD! J'ÉTAIS À LA PÂTISSERIE POUR ACHETER DES BEIGNETS QUAND TROIS NAINS DÉGUISÉS EN GORILLES, ARMES AU POING, SE SONT EMPARÉS DE LA CAISSE!
FLÛTE!
ALLONS JON, N'OMETS AUCUN DÉTAIL
© 1986 United Feature Syndicate, Inc.
LE GLAÇAGE, CHOCO OU VANILLE?
JIM DAVIS 10-16

JE VAIS VOUS MONTRER COMMENT FAIRE DES "FLEXIONS CRIC"
JIM DAVIS 10-17
© 1986 United Feature Syndicate,Inc.
VOUS ÊTES TOUS EN MESURE DE FAIRE CET EXERCICE...
CRIC
CRIC

EUF
10-18
JIM DAVIS
© 1986 United Feature Syndicate,Inc.
TOUS PEUVENT FAIRE DE L'EXERCICE
MAIS PARVENIR À UNE TELLE LÉTHARGIE EXIGE DE LA DISCIPLINE!

GARFIELD
SLUUUCK
JIM DAVIS 10-19
© 1986 United Feature Syndicate, Inc.
SPLOOSH!
JE PRÉSUME QU'IL Y A UNE RAISON À CECI
À COMBIEN ÉVALUES-TU LES CHANCES QUE NOUS AYONS DES CRÊPES POUR LE PETIT-DÉJ?

CETTE FOIS, JE SUIS PRÊT
JIM DAVIS 10-20
© 1986 United Feature Syndicate, Inc.
ALLEZ LUNDI! MONTRE-TOI!
GARFIELD, NOUS ALLONS CHEZ LA VÉTÉ AUJOURD'HUI
GRRR!

DITES-MOI, DOCTEUR...
© 1986 United Feature Syndicate, Inc.
POURQUOI GARFIELD BOUFFE-T-IL TOUTES LES PLANTES QUE J'ACHÈTE?
VU LA FORME QU'IL A, C'EST L'UNE DES RARES CHOSES QUI COURENT MOINS VITE QUE LUI
L'HUMOUR, TOUJOURS L'HUMOUR!
JIM DAVIS 10-21

DONNEZ-MOI UNE BONNE RAISON DE NE PAS SORTIR AVEC MOI
© 1986 United Feature Syndicate, Inc.
VOUS ÊTES DÉPLAISANT, ARROGANT, INSIPIDE, IDIOT ET ENNUYEUX
VRAIMENT? ALORS DONNEZ-M'EN UNE DEUXIÈME!
JIM DAVIS 10-22

QUE DOIS-JE FAIRE POUR QUE VOUS ACCEPTIEZ DE SORTIR AVEC MOI?
© 1986 United Feature Syndicate, Inc.
D'ABORD, METTEZ-VOUS SUR LA TÊTE ET CAQUETEZ COMME UN POULET
COT-COT-COT-COT-COCORICO!
LA DIGNITÉ? CONNAÎT PAS!
JIM DAVIS 10-23

JON, S'IL SAVAIT, MON FIANCÉ N'APPRÉCIERAIT PAS VOS AVANCES
OH OUAIS? QUI EST-CE?
NICK "LE BOUCHER" SCARLOTTI
OH LA LA! IMPRESSIONNANT!
© 1986 United Feature Syndicate, Inc.
JIM DAVIS 10-24
TRÈS IMPRESSIONNANT!

QUEL ÂGE A VOTRE CHAT, M. ARBUCKLE?
HUIT ANS
VRAIMENT? IL NE PARAÎT PAS SI VIEUX
© 1986 United Feature Syndicate, Inc.
IL N'A ÉTÉ ÉVEILLÉ QUE DEUX ANS PENDANT CETTE PÉRIODE
VOYEZ POURQUOI JE LE HAIS
JIM DAVIS 10-25

Garfield
UN VACCIN DE MINET POUR MOI ET UNE INJECTION DE MOLOSSE POUR TOI
LES SERINGUES POUR CHIEN SONT LONGUES COMME ÇA
SUIVANT!
D'ABORD, LE VACCIN DU CHIENCHIEN
COTTON
VOILÀ! ÇA N'ÉTAIT PAS SI MAL, N'EST-CE PAS?
COTTON
© 1988 United Feature Syndicate, Inc.
LE VACCIN DE MINET, À PRÉSENT
JE HURLE EN SILENCE
COTTON
JIM DAVIS 10-26

EUF
JE N'AI PAS LE COEUR À POUSSER ODIE EN BAS DE LA TABLE
© 1986 United Feature Syndicate, Inc.
EN CONSÉQUENCE...
VLAN
JIM DAVIS 10-27

JIM DAVIS 10-28
VOICI UN MOT DE NOTRE COMMANDITAIRE
NOUS GARANTISSONS PAR ÉCRIT QUE, SI VOUS ACHETEZ NOS PRODUITS, NOUS FERONS PLUS D'ARGENT QUE VOUS
© 1986 United Feature Syndicate, Inc.
ÉTONNAMMENT DIRECT!

VOYONS... NOUS AVONS TOUT LE NÉCESSAIRE DE PLAGE, SAUF UN BALLON
JIM DAVIS
© 1986 United Feature Syndicate, Inc.
HÉ GARFIELD! APPORTE QUELQUE CHOSE QUE NOUS POURRIONS BOTTER SUR LA PLAGE
SANS MÊME REGARDER, JE SAIS QUE J'AURAIS DÛ REFORMULER MA DEMANDE
10-29

RENDS-TOI UTILE, GARFIELD. VOICI LE MATELAS GONFLABLE ET LE MODE D'EMPLOI
© 1986 United Feature Syndicate, Inc.
Dérouler et poser à plat.
JE PEUX FAIRE ÇA
JIM DAVIS 10-30

GARFIELD, IL N'Y A PAS PIRE DÉFAUT QUE L'APATHIE
ET APRÈS?
JIM DAVIS 10-31
© 1986 United Feature Syndicate, Inc.

GARFIELD, TU ES UNE PERLE
MERCI MON CHER JON
© 1986 United Feature Syndicate, Inc.
SAIS-TU COMMENT SE FORMENT LES PERLES DANS LES HUÎTRES?
COMMENT?
PAR SUITE D'UNE CONSTANTE IRRITATION!
JON ME SEMBLE FÂCHÉ CONTRE MOI
JIM DAVIS 11-1

Garfield
ODIE, VOYONS SI TU ES DIGNE D'ÊTRE LE MODE DE TRANSPORT HAUTE PERFORMANCE DU VENGEUR AILÉ
PLUS VITE!
PLUS VITE!
STOP!
ZIP!
© 1986 United Feature Syndicate, Inc.
JIM DAVIS 11-2
UNE CEINTURE DE SÉCURITÉ.., VOILÀ CE QU'IL MANQUE À LA MONTURE DU VENGEUR AILÉ!

ALLEZ! HOP!
GARFIELD, CE REQUIN GÉANT VIENT D'AVALER TOKYO. POURQUOI L'ACCLAMES-TU?
© 1986 United Feature Syndicate, Inc.
QUI AVALE TOUT SUR SON PASSAGE OBTIENT MON ADHÉSION
JIM DAVIS 11-3

JIM DAVIS 11-4
© 1986 United Feature Syndicate, Inc.
ET QU'ES-TU CENSÉ ÊTRE?
UN AUTRE NAGEUR INFORTUNÉ A SUCCOMBÉ AU REQUIN ORANGE

LE REQUIN ORANGE, LA PLUS PUISSANTE MACHINE À DÉVORER QUI SOIT, A REPÉRÉ UNE PROIE SANS DÉFENSE!
JIM DAVIS 11-5
© 1986 United Feature Syndicate, Inc.
PIZZA DROIT DEVANT!
BEURK! DES ANCHOIS!
PTOU!

TU T'IMAGINES PEUT-ÊTRE QUE TU RESSEMBLES À UN REQUIN?
TU L'AS DIT, ANDOUILLE!
JIM DAVIS 11-6
© 1986 United Feature Syndicate, Inc.
TU NE RESSEMBLES EN RIEN À UN REQUIN
AH VRAIMENT?
ATTENDS QUE MON AILERON REVIENNE DE CHEZ LE TEINTURIER!

CHOMP
MIAM
GLOU
© 1986 United Feature Syndicate, Inc.
ALORS QUE L'ON CROYAIT ÉCARTÉ LE DANGER DU PETIT-DÉJEUNER...
JIM DAVIS 11-7

ALORS QUE LE REQUIN APPROCHE DE SA PROIE, IL CONSTATE QUE QUELQUE CHOSE CLOCHE
© 1986 United Feature Syndicate, Inc.
PARDI DE L'EAU! UN REQUIN A BESOIN D'EAU!
JIM DAVIS 11-8

GARFIELD
MERCI BIEN GARFIELD!
DES CROQUETTES POUR CHIEN? VITE, À BOIRE!
© 1986 United Feature Syndicate, Inc.
DE LA SAUCE PIMENTÉE! JE BRÛLE!
GLOU GLOU GLOU
L'EAU DE L'AQUARIUM! UN ANTIDOTE! UN ANTIDOTE!
GARGL! DES ANCHOIS!!
ÇA PEUT DURER DES JOURS COMME ÇA
JIM DAVIS 11-9

LA GOURMANDISE
AUTONOMIE ET INDÉPEN-DANCE À PORTÉE DE SOI
© 1986 United Feature Syndicate, Inc.
BESOIN DE PERSONNE POUR Y SUCCOMBER!
JIM DAVIS 11-10

ARFIELD
© 1986 United Feature Syndicate, Inc.
ARFIELD
POUMP!
DÉJEUNER D'AFFAIRES
ARFIELD
JIM DAVIS 11-11

HÉ GARFIELD! SAIS-TU L'HEURE QU'IL EST?
L'HEURE DU LUNCH?
L'HEURE DE S'AMUSER AVEC L'ÉLECTRICITÉ STATIQUE!
© 1986 United Feature Syndicate, Inc.
JIM DAVIS 11-12
UNE VRAIE MACHINE À GAGS!

LE VOICI
JIM DAVIS 11-13
ARRÊT
IL RALENTIT
JON, TU ES ANXIEUX
ARRÊT
© 1986 United Feature Syndicate, Inc.
REGARDE, TOUT UN BUS QUI S'EST ARRÊTÉ SEULEMENT POUR MOI!
T'ES UN GROS BONNET, C'EST VRAI

JIM DAVIS 11-14
C'EST BON! C'EST BON! JE PRÉPARE LE PETIT-DÉJ!
© 1986 United Feature Syndicate, Inc.
SNIF
SNIF
IL A CRAQUÉ COMME UN OEUF

GARFIELD, POURQUOI NE CHASSES-TU PAS LES SOURIS COMME UN CHAT?
GARFIELD
JIM DAVIS 11-15
© 1986 United Feature Syndicate, Inc.
GARFIELD
NAVRÉ
JE LUI PERMETS TOUJOURS DE RÉTRACTER SES QUESTIONS IDIOTES AVANT DE LUI FAIRE MAL
GARFIELD

GARFIELD
AWOUU
AWOOOOUUUUUU
ODIE A BESOIN D'UN PASSE-TEMPS
© 1986 United Feature Syndicate,Inc.
LA TÉLÉ DEVRAIT LUI CLOUER LE BEC
AWOO
AWOUU
JIM DAVIS 11-16

JIM DAVIS
BONJOUR GARFIELD!
11-17
© 1986 United Feature Syndicate, Inc.
Z
JE HAIS SON ENTHOU-SIASME LE LUNDI
Z

AH HA! JE T'AI!
© 1986 United Feature Syndicate, Inc.
C'EST LE MOMENT DE TON TRAITEMENT ANTIPUCES. NE FAIS PAS LE MALIN. NE BOUGE PAS
PSSSSSSSS
BRAVE GARÇON!
JIM DAVIS 11-18

SOURIS, JE SAIS QUE TU TE CACHES DERRIÈRE CE CARTON. SORS DE LÀ! LES MAINS EN L'AIR!
© 1986 United Feature Syndicate,Inc.
JIM DAVIS 11-19

GARFIELD! QUE FAIS-TU?
GRATT GRATT GRATT
© 1986 United Feature Syndicate,Inc.
TON FAUTEUIL AVAIT DES DÉMANGEAISONS
JIM DAVIS 11-20

Z
VOICI UN BIEN JOLI ENDROIT...
Z
POUR DORMIR
Z
© 1986 United Feature Syndicate,Inc.
JIM DAVIS 11-21

VOIS GARFIELD! JE T'AI ACHETÉ UN LIT D'EAU!
JIM DAVIS 11-22
© 1986 United Feature Syndicate,Inc.
C'EST LA MODE EN CE MOMENT. TU AS TOUJOURS DÉSIRÉ UN LIT D'EAU, PAS VRAI?
VRAI
MAIS UN SAC D'EAU CHAUDE DANS UNE BOÎTE?

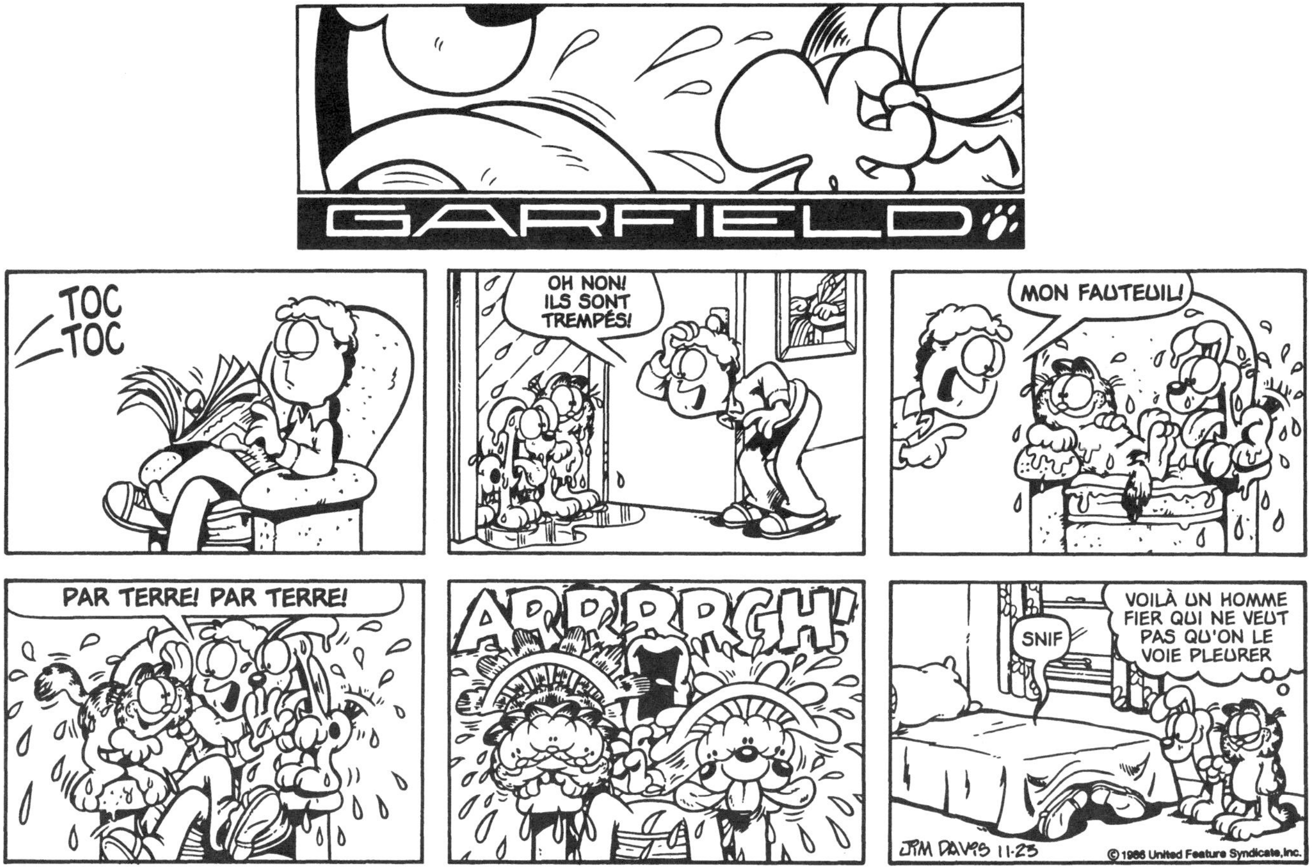
GARFIELD
TOC TOC
OH NON! ILS SONT TREMPÉS!
MON FAUTEUIL!
PAR TERRE! PAR TERRE!
ARRRRGH!
SNIF
VOILÀ UN HOMME FIER QUI NE VEUT PAS QU'ON LE VOIE PLEURER
JIM DAVIS 11-23
© 1986 United Feature Syndicate, Inc.

TU SONGES TROP À MANGER GARFIELD. IL TE FAUT UNE DISTRACTION
JIM DAVIS
© 1986 United Feature Syndicate,Inc.
POURQUOI PAS LA LECTURE?
BONNE IDÉE!
RECETTES
11-24

J'AI UNE SURPRISE POUR TOI GARFIELD!
GARFIELD
11-25
DE LA BOUFFE GÉNÉRIQUE
BOUF
GARFIELD
© 1986 United Feature Syndicate,Inc.
PLOP!
ALORS OFFRE-LA À UN CHAT GÉNÉRIQUE!
TOING
GARFIELD
JIM DAVIS

GARFIELD, TU DEVRAIS ÊTRE RECONNAISSANT DE LA BOUFFE QUE TU MANGES
GARFIELD
11-26
© 1986 United Feature Syndicate,Inc.
JE LE SUIS JON. JE LE SUIS
GARFIELD
JE SUIS AUSSI RECONNAISSANT DE LA BOUFFE QUE TU MANGES
GARFIELD
JIM DAVIS

NOUS DEVRIONS FAIRE LE COMPTE DE CE QUI NOUS REND LA VIE BELLE
ZIP!
© 1986 United Feature Syndicate,Inc.
OUF! LE COMPTE Y EST!
JIM DAVIS
11-27

GARFIELD, AS-TU BOUFFÉ MON BEIGNET À LA CONFITURE?
11-28
C'EST COMME JE TE DIS, JON. C'ÉTAIT UN BEIGNET SOLITAIRE PERDU DANS LA JUNGLE DU BOULANGER
© 1986 United Feature Syndicate,Inc.
PRIS DE FROUSSE, EN PROIE À LA DOULEUR, IL A FONCÉ DROIT SUR MON GOSIER ET JE N'AI EU D'AUTRE CHOIX...
SI SEULEMENT JE COMPRENAIS CE QU'IL DIT
JIM DAVIS

ME VOICI!
JIM DAVIS
HELLO GARFIELD
© 1986 United Feature Syndicate,Inc.
QU'IL FAIT BON TE REVOIR!
11-29

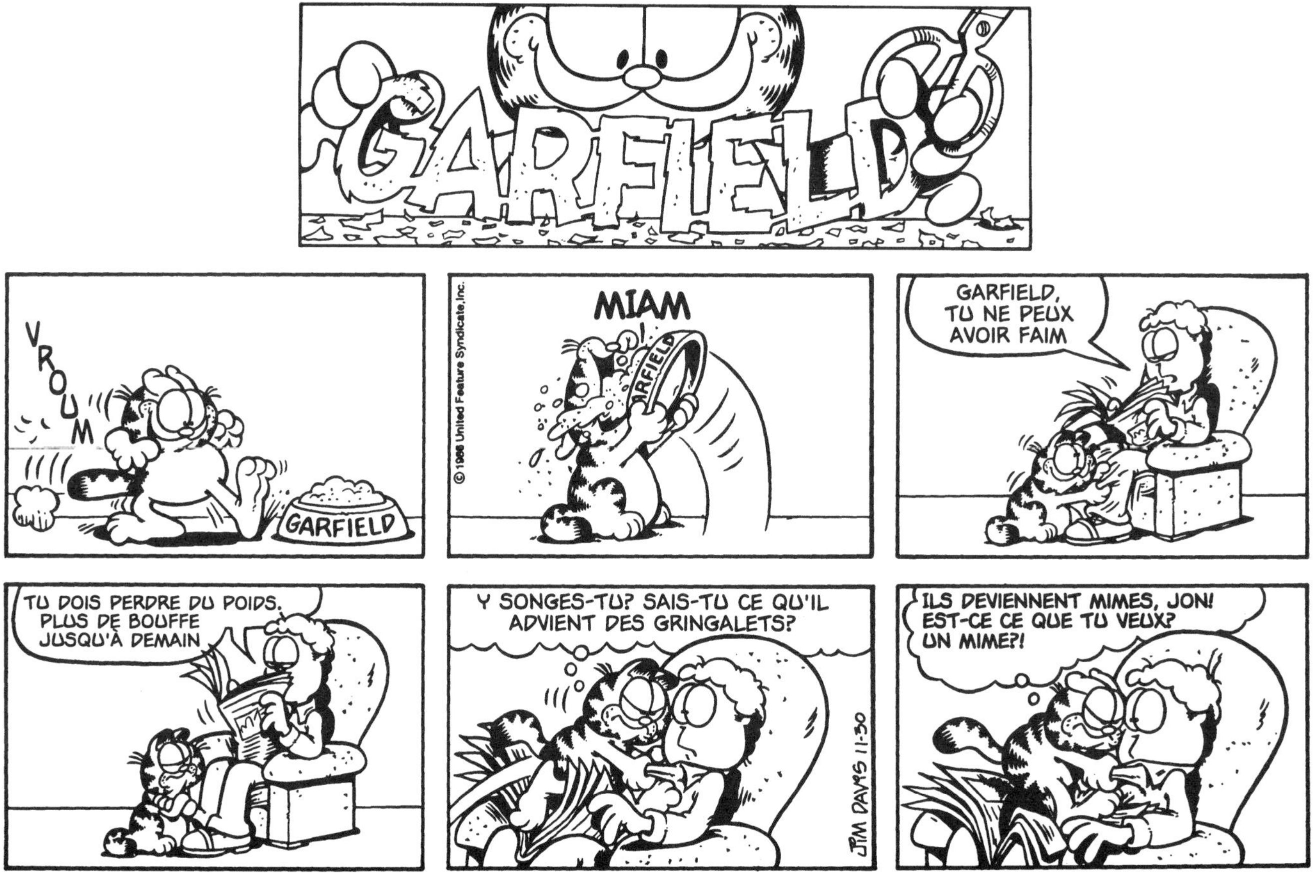
GARFIELD
VROUM
GARFIELD
MIAM
GARFIELD
© 1986 United Feature Syndicate, Inc.
GARFIELD, TU NE PEUX AVOIR FAIM
TU DOIS PERDRE DU POIDS. PLUS DE BOUFFE JUSQU'À DEMAIN
Y SONGES-TU? SAIS-TU CE QU'IL ADVIENT DES GRINGALETS?
JIM DAVIS 11-30
ILS DEVIENNENT MIMES, JON! EST-CE CE QUE TU VEUX? UN MIME?!

JE VAIS FAIRE UN PETIT ROUPILLON
HI! HI! HI!
QUI A ENTENDU PARLER D'UN GRAND ROUPILLON?
© 1986 United Feature Syndicate, Inc.
JIM DAVIS 12-1

SI L'OISEAU LÈVE-TÔT CAPTURE LES VERS, LE CHAT LÈVE-TÔT CAPTURE L'OISEAU
JE N'AI QU'À SORTIR POUR CAPTURER...
UN CHIEN LÈVE-TÔT!
© 1986 United Feature Syndicate, Inc.
JIM DAVIS 12-2

EUF
MIAM MIAM MIAM
JON DEVRAIT PRÉVENIR QUAND IL MET LE CHAUFFAGE CENTRAL
© 1986 United Feature Syndicate, Inc.
JIM DAVIS 12-3

CERTAINS PERDENT DU POIDS
JE NE LUI CONCÈDE QU'UN CONGÉ TEMPORAIRE
© 1986 United Feature Syndicate, Inc.
JIM DAVIS 12-4

ODIE N'EST PAS LE CHIEN LE PLUS FUTÉ QUI SOIT
SON Q.I. EST SI PEU ÉLEVÉ, QU'IL FAUT CREUSER POUR LE TROUVER
JIM DAVIS 12-5

MIAOU
MIAOU
MIAOU
MIAOU
MIAOU
MIAOU
L'ÉCHO
JIM DAVIS 12-6

GARFIELD
HIP! HIP! HIP!
BONK!
FFFFT
TOC!
© 1986 United Feature Syndicate, Inc.
JIM DAVIS 12-7

GARFIELD, J'AI DÉCIDÉ DE DONNER UNE FÊTE
JE VAIS INVITER TOUS MES AMIS
JE FERAIS MIEUX DE VOIR AUX PRÉPARATIFS
... ET DE TE FAIRE DES AMIS
JIM DAVIS 12-8
© 1986 United Feature Syndicate, Inc.

HELLO LIZ! ICI JON ARBUCKLE
JE DONNE UNE PETITE FÊTE SAMEDI ET... EXCUSEZ-MOI?
VOUS ME DITES ÇA AU SENS PROPRE OU FIGURÉ?
JE VOTE POUR LE SENS PROPRE
JIM DAVIS 12-9
© 1986 United Feature Syndicate, Inc.

GARFIELD, QUE DIS-TU DE MON COSTUME?
J'ADORE
ÇA PARLE POUR TOI
© 1986 United Feature Syndicate,Inc.
JIM DAVIS 12-10
ET ÇA DIT: "JE SUIS UNE ANDOUILLE"

TU AURAS FIÈRE ALLURE À LA MASCARADE
JIM DAVIS 12-11
© 1986 United Feature Syndicate,Inc.
HÉ GARFIELD! QUE DIS-TU DU COSTUME DE ODIE?
IL NE MANQUE QUE LES ACCESSOIRES

IL EST 21H30 ET PERSONNE N'EST ARRIVÉ. QUE FAIRE?
© 1986 United Feature Syndicate, Inc.
JIM DAVIS 12-12
VICTUAILLES, MA PETITE GUEULE QUITTE LA VILLE DANS 5 MINUTES. SOYEZ À BORD!

J'IGNORE POURQUOI NUL N'EST VENU À MA SOIRÉE. ILS ONT SÛREMENT REÇU LES INVITATIONS
JIM DAVIS 12-13
© 1986 United Feature Syndicate, Inc.
J'AI CHARGÉ ODIE DE LES MENER À LA POSTE IL Y A TROIS JOURS
MAIS LUI AS-TU DIT DE LES JETER À LA POSTE?

GARFIELD
VOICI ODIE! PRENDS CES INVITATIONS ET VA LES JETER À LA POSTE
© 1986 United Feature Syndicate, Inc.
JIM DAVIS 12-14
GARFIELD, L'ÉVÉNEMENT SOCIAL DE LA SAISON EST ENFIN ARRIVÉ!
DING DONG
J'ATTENDAIS LE GRATIN
ET VOILÀ LES MIETTES

BONJOUR POOKY
UN OURSON FAIT UN BON COMPAGNON DE LIT
PAS D'HALEINE DU MATIN
JIM DAVIS 12-15
© 1986 United Feature Syndicate, Inc.

POUET
JIM DAVIS 12-16
© 1986 United Feature Syndicate, Inc.

HA! HA! HA! TU AS PRESSÉ POOKY TROP FORT! C'EST TROP DRÔLE!
© 1986 United Feature Syndicate, Inc.
POUET
JIM DAVIS 12-17

JIM DAVIS 12-18
POUET
© 1986 United Feature Syndicate, Inc.
ARRRGH!

J'AI UNE BONNE NOUVELLE, GARFIELD
J'AI COMPLÈTEMENT REMBOURRÉ POOKY À TON INTENTION
© 1986 United Feature Syndicate, Inc.
JIM DAVIS 12-19

VOUS FAITES UNE BELLE PAIRE DEPUIS QUE POOKY EST PLEIN COMME UN BOUDIN
© 1986 United Feature Syndicate, Inc.
TEL PÈRE, TEL FILS, HEIN?
JIM DAVIS 12-20

GARFIELD
100% PUR
GARFIELD, J'AI ACHETÉ UN SAPIN EN ALUMINIUM. FINIS LES DÉGÂTS!
FINIE LA TRADITION
POUR L'ALLANT ET LE FRINGANT, VIVEMENT UN SUPPORT ÉLECTRIQUE!
PLUS RIEN N'EST SACRÉ
© 1986 United Feature Syndicate, Inc.
SI JON VEUT DE L'ALLANT ET DU FRINGANT, CE MÉLANGEUR FERA UN SUPPORT DU TONNERRE
PRÊT À BRANCHER LE SAPIN, GARFIELD?
QUE JE ME SAUVE!
WHIRRRR
ARRRRGH!
TU VEUX PLUS D'ALLANT? APPUIE SUR LIQUÉFIER!
JIM DAVIS 12-21

BOUGE DE LÀ ODIE! JE DOIS EMBALLER LES ÉTRENNES
© 1986 United Feature Syndicate,Inc.
JIM DAVIS 12-22

BONSOIR À TOUS! POUR DÉBUTER, QUELQUES CANTIQUES DE NOËL
SPLUT!
BLAT!
SPLAT!
JIM DAVIS 12-23
© 1986 United Feature Syndicate,Inc.
LES CRITIQUES NE FONT PAS RELÂCHE PENDANT LES FÊTES

LES CADEAUX SONT SOUS L'ARBRE, LE RÉVEILLON EST PRÊT, PLUS QU'UNE CHOSE À FAIRE...
JE TIENS À VOUS DIRE COMBIEN JE VOUS AIME!
JIM DAVIS
© 1986 United Feature Syndicate,Inc.
12-24
JON VA DE PAIR AVEC NOËL. JE NE L'APPRÉCIE QU'UNE FOIS L'AN

JIM DAVIS 12-25
DEBOUT LES GARÇONS! C'EST NOËL!
VOYONS SI LE PÈRE NOËL A APPORTÉ DES ÉTRENNES À TOUS LES ENFANTS SAGES
© 1986 United Feature Syndicate,Inc.
J'IMAGINE QUE NON. IL Y EN A UN POUR GARFIELD
ET PUIS ZUT! C'EST NOËL. JE LUI LAISSE LA VIE SAUVE

J'AI TOUJOURS UN COUP DE DÉPRIME LE LENDEMAIN DE NOËL
TU COMPRENDS CE QUE JE VEUX DIRE, GARFIELD?
OH QUE SI!
© 1986 United Feature Syndicate,Inc.
12-26
SI J'ÉTAIS TOI, JE SERAIS DÉPRIMÉ CHAQUE JOUR
JIM DAVIS

QUEL PULL AFFREUX!
© 1986 United Feature Syndicate,Inc.
CE N'EST PAS LE CADEAU MAIS LA PENSÉE QUI COMPTE
JIM DAVIS 12-27
O.K. JE PENSE QUE C'EST UN PULL AFFREUX!

GARFIELD
VEUILLEZ NOUS EXCUSER, MAIS NOUS DÉSIRONS DU FROMAGE
NOUS NE POUVONS FERMER L'OEIL SANS FROMAGE
SI NOUS NE FERMONS PAS L'OEIL, TU NE FERMES PAS L'OEIL
C'EST BON! C'EST BON!
© 1986 United Feature Syndicate, Inc.
SI ÇA NE VOUS GÊNE PAS, J'AIMERAIS ME RENDORMIR
JIM DAVIS 12-28
VOUS N'AURIEZ PAS UNE PETITE FOURCHETTE, PAR HASARD?
C'EST ICI QUE JE ME FÂCHE

DES POILS DE CHAT!
C'EST LA VIE
IL Y A DES POILS DE CHAT PARTOUT!
ET QU'EST-CE QUE TU PEUX BIEN FAIRE?
JE FAIS MES BAGAGES ET JE PARS POUR TOUJOURS
JIM DAVIS
12-29
© 1986 United Feature Syndicate, Inc.

LÀ OÙ J'ARRÊTE, IL FAUT REGARDER, HEIN GARFIELD?
OUAIS
JIM DAVIS
LES CHOSES QU'IL FAIT POUR UN PEU D'ACTION...
12-30
CLIC
CLIC
CLIC
CLIC
LA TÉLÉ-ROULETTE
© 1986 United Feature Syndicate, Inc.

VOUS NE DEVINEREZ JAMAIS CE QUE J'AI TROUVÉ AU MAGASIN
JPM DAVPS 12-31
© 1986 United Feature Syndicate, Inc.
DE FAUSSES DENTS POUR TOUTOU!
HA! HA! HA! HA!
MORDONS-LUI LE COU!

IL EST TEMPS DE NETTOYER LE FRIGO, GARFIELD
APPELONS LES ARTIFICIERS
© 1986 United Feature Syndicate, Inc.
POUAH!
JPM DAVPS 1-1-87
JE N'AI PAS VU CES OLIVES DEPUIS DES ANNÉES
ATTENDS D'ÊTRE RENDU AU FOND

TU ES UN BRAVE CHAT GARFIELD ET JE SAIS QUE TU VEUX ME FAIRE HONNEUR
JIM DAVIS 1-2-87
© 1986 United Feature Syndicate, Inc.
ZOUM!
IL PEUT DÉTECTER UN RENDEZ-VOUS CHEZ LA VÉTÉ À DES LIEUES

POOKY!
JIM DAVIS 1-3-87
© 1986 United Feature Syndicate, Inc.
COMMENT OSES-TU FAIRE DU MAL À MON OURSON?
POP
BAM
BAM
BAM
BAM
BAM
BAM

GARFIELD
CHIC, IL NEIGE!
© 1986 United Feature Syndicate, Inc.
J'ADORE LA PREMIÈRE NEIGE
OUAAHH!
JIM DAVIS 1-4-87
FUMP!
BLAT! SPLAT! BOP!
TU T'ES AMUSÉ DANS LA NEIGE, GARFIELD?
PLUTÔT... JE SUIS PRÊT POUR L'ÉTÉ À PRÉSENT

OYEZ, OYEZ FAINÉANTS! VOICI VENUE VOTRE HEURE DE GLOIRE! AUJOURD'HUI DÉBUTE LA SEMAINE NATIONALE DE LA PARESSE!
© 1986 United Feature Syndicate,Inc.
POURQUOI SE VANTER D'ÊTRE PARESSEUX, DITES-VOUS?
SI ON DÉCLARAIT LA GUERRE ET QUE PERSONNE N'Y ALLAIT?
JIM DAVIS 1-5-87

CEUX QUI VEULENT SAVOIR SI LA SEMAINE DE LA PARESSE LES CONCERNE, DEMANDEZ-VOUS CECI :
© 1986 United Feature Syndicate,Inc.
SERIEZ-VOUS PRÊT À MENER UN DÉFILÉ AFIN DE CÉLÉBRER LES VERTUS DE L'INACTION?
SI VOUS RÉPONDEZ OUI... LA SEMAINE DE LA PARESSE NE VOUS CONCERNE PAS
JIM DAVIS 1-6-87

NE CONFONDEZ PAS PARESSE ET APATHIE. NOUS, PARESSEUX, NE SOMMES PAS APATHIQUES
© 1986 United Feature Syndicate, Inc.
LES APATHIQUES SE FICHENT DE TOUT
LES PARESSEUX SE FICHENT DE RIEN
JIM DAVIS 1-7-87

VOUS QUALIFIE-T-ON DE MOLLASSON TÉLÉPHAGE?
JIM DAVIS 1-8-87
© 1986 United Feature Syndicate, Inc.
POURQUOI DEVRIONS-NOUS ÊTRE COUVERTS DE RIDICULE SOUS PRÉTEXTE QUE NOUS NOUS ADONNONS À UNE EXISTENCE CINÉTIQUEMENT PASSIVE?
LE PROCHAIN QUI VOUS ACCUSE DE PARESSE, DITES-LUI QUE LA MALADIE VOUS A TRÈS JEUNE ALITÉ.

RAPPELEZ-VOUS LE SLOGAN DE LA SEMAINE NATIONALE DE LA PARESSE : "POURQUOI FORCER?"
© 1986 United Feature Syndicate, Inc.
DE GRANDES IDÉES ONT VU LE JOUR À PARTIR DE CETTE NOBLE PENSÉE
CE N'EST CERTES PAS UN FANA DE L'AÉROBIC QUI A INVENTÉ LA SERVODIRECTION
JIM DAVIS 1-9-87

CEUX QUI VEULENT CESSER DE VIOLENTER LEUR CORPS AVEC L'AÉROBIC MAIS QUI N'EN TROUVENT PAS LE COURAGE
JIM DAVIS
PEUVENT DÉSORMAIS ADHÉRER AUX "EXERCISEURS ANONYMES DE GARFIELD"
© 1986 United Feature Syndicate, Inc.
CHAQUE FOIS QUE VOUS SENTEZ UNE ENVIE IRRÉPRESSIBLE DE JOGGER, JE DÉPÊCHE QUELQU'UN AVEC UN BOL DE LAIT CHAUD ET UNE CASSETTE DE TINO ROSSI
1-10-87

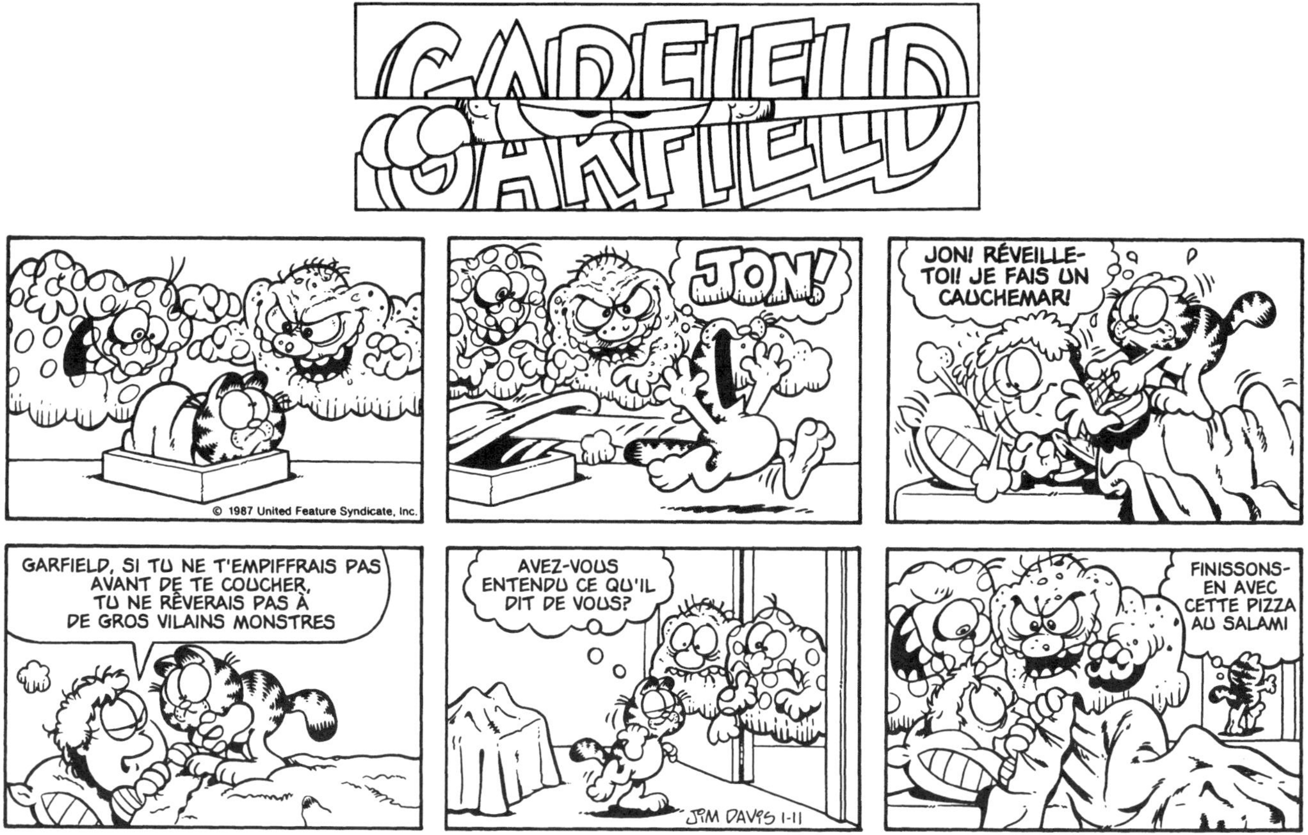
GARFIELD
JON!
JON! RÉVEILLE-TOI! JE FAIS UN CAUCHEMAR!
GARFIELD, SI TU NE T'EMPIFFRAIS PAS AVANT DE TE COUCHER, TU NE RÊVERAIS PAS À DE GROS VILAINS MONSTRES
AVEZ-VOUS ENTENDU CE QU'IL DIT DE VOUS?
FINISSONS-EN AVEC CETTE PIZZA AU SALAMI
© 1987 United Feature Syndicate, Inc.
JIM DAVIS 1-11

QUE DIS-TU DE ÇA, GARFIELD? UNE BELLE PARTIE DE PÊCHE EN PERSPECTIVE!
HUM
HÉ! OÙ EST L'APPÂT?
L'APPÂT?
© 1987 United Feature Syndicate, Inc.
JIM DAVIS
GARFIELD!
JE CROYAIS QUE C'ÉTAIT UN SUSHI

À VRAI DIRE, GARFIELD EXIGE PEU DE SOINS
JIM DAVIS 1-13
© 1987 United Feature Syndicate, Inc.
LES CHATS SONT SI PROPRES, ILS SE BICHONNENT SANS CESSE
NOUS N'AVONS PLUS DE TALC POUR LES PIEDS
PRESQUE À L'EXCÈS

MA CHÈRE, TOUJOURS AUSSI JOLIE! MAIS VOUS SEMBLEZ GUINDÉE DANS CETTE TENUE
POURQUOI NE PAS VOUS GLISSER DANS QUELQUE CHOSE DE PLUS CONFORTABLE?
MOI, PAR EXEMPLE!
© 1987 United Feature Syndicate, Inc.
JIM DAVIS 1-14

JIM DAVIS 1-15
© 1987 United Feature Syndicate, Inc.
CHOMP!
SPRONG!

QU'EST-CE QU'UN TRÉSOR DE FAMILLE?
C'EST UNE CHOSE QUI SE TROUVE DANS VOTRE FAMILLE DEPUIS PLUSIEURS GÉNÉRATIONS...
© 1987 United Feature Syndicate, Inc.
ET QUE PERSONNE N'A EU LE CRAN DE JETER AU REBUT

© 1987 United Feature Syndicate, Inc.
COMME JE L'IMAGINAIS!

Garfield
LES CHATONS ADORENT LA POURSUITE
ÇA PEUT DEVENIR UN DIVERTISSEMENT TRÈS SATISFAISANT
CRASH!
LES CHATONS ADORENT AUSSI QUAND ON LEUR LANCE DES CHOSES
BONK!
© 1987 United Feature Syndicate, Inc.
ILS SONT RAVIS QUAND ON CACHE LEUR JOUET
JIM DAVIS 1-18
ROWR!
CRUNCH!
HISS
MAIS PAS PENDANT LONGTEMPS

DEBOUT GARFIELD!
JIM DAVIS 1-19
J'AI PRIS UNE DÉCISION QUI RISQUE DE MODIFIER LE COURS DE MA VIE
J'AI DÉCIDÉ DE ME FAIRE POUSSER UNE MOUSTACHE
J'IMAGINE QUE C'EST LA FAUTE AU LUNDI
© 1987 United Feature Syndicate, Inc.

REMARQUES-TU QUELQUE CHOSE, GARFIELD?
TU NE BOIS PAS DANS TA TASSE À L'EFFIGIE DE TITOTO LE CLOWN?
JIM DAVIS 1-20
© 1987 United Feature Syndicate, Inc.
MA MOUSTACHE EST DU PLUS BEL EFFET
CE N'EST PAS LE CACAO?
TU VEUX TOUCHER? C'EST UNE SENSATION BIZARRE
HÉ L'AMI! JE DOIS MANGER AVEC CES DOIGTS!

ODIE, UN MONSTRE VELU FAIT SON NID SOUS LE NEZ DE JON!
JIM DAVIS 1-21
© 1987 United Feature Syndicate, Inc.
PEUT-ÊTRE QU'IL VA SE RÉPANDRE SUR TOUT LE VISAGE?
VOUS VOUS MOQUEZ DE MOI?
IL A REMUÉ!

UNE MOUSTACHE REND LES GENS BIZARRES
1-22
JIM DAVIS
© 1987 United Feature Syndicate, Inc.
UN MOUSTACHU S'IMAGINE ÊTRE QUELQU'UN QU'IL N'EST PAS
FRANCHEMENT MA CHÈRE, JE N'EN AI RIEN À LOUTRE
JE NE ME SENS PLUS EN SÛRETÉ ICI

ARRRGH!
JIM DAVIS 1-23
JON, QUE SE PASSE-T-IL?
ÇA VA! SORS D'ICI!
© 1987 United Feature Syndicate, Inc.
TOUT VA BIEN? DIS-MOI!
LE RASOIR A AVALÉ MA MOUSTACHE, C'EST BON?

J'AI RASÉ MA MOUSTACHE, GARFIELD
NE ME DIS PAS
JIM DAVIS 1-24
© 1987 United Feature Syndicate, Inc.
AVEC UNE MOUSTACHE, JE RESSEMBLAIS À UN MORSE
JE SUIS FIER DE TOI, JON
IL FAUT UN GRAND MORSE POUR RECONNAÎTRE SES ERREURS

GARFIELD
QUE FAIS-TU LÀ, GARFIELD?
UNE CHARADE?... BONNE IDÉE! VOYONS... PREMIER MOT!... TON, NON, TU! C'EST ÇA! TU!
JAMBE! NON! PIED! NON! TU MARCHES DANS QUELQUE CHOSE!
© 1987 United Feature Syndicate, Inc.
QUATRIÈME MOT! MON!... MA... TU MARCHES DANS MA...
ÇA Y EST! BOUFFE! TU MARCHES DANS MA BOUFFE!
JIM DAVIS 1-25
BIEN TROUVÉ! C'EST À MOI, À PRÉSENT. C'EST LE TITRE D'UN FILM, D'ACCORD?
GARFIELD

© 1987 United Feature Syndicate, Inc.
ÇA T'AMUSE, GARFIELD?
APPELLE-MOI M. DOMINO
JIM DAVIS 1-26

JIM DAVIS 1-27
© 1987 United Feature Syndicate, Inc.

ME VOICI FACE CONTRE UNE GAMELLE PLEINE DE BOUFFE
GA...
JE SUIS AU PINACLE DE LA PARESSE ET DE LA GLOUTONNERIE... DÉPRIMANT!
GA...
NULLE PART OÙ ALLER, UNE FOIS AU SOMMET
GA...
© 1987 United Feature Syndicate, Inc.
JIM DAVIS 1-28

JE MANGE TROP CAR JE SUIS DÉPRIMÉ ET JE SUIS DÉPRIMÉ CAR JE MANGE TROP
GARFIELD
© 1987 United Feature Syndicate, Inc.
C'EST UN CERCLE VICIEUX...
GARFIELD
QUI EXIGE DES ANNÉES DE PERFECTIONNEMENT!
RFIELD
JIM DAVIS 1-29

BANG! BANG!
HELLO? IL Y A QUELQU'UN?
BRINNNNNNG!
© 1987 United Feature Syndicate, Inc.
LA PROCHAINE FOIS, SERS-TOI DU HEURTOIR
NAVRÉ
JIM DAVIS 1-30

JIM DAVIS 1-31
© 1987 United Feature Syndicate, Inc.
ARRÊTE SUR-LE-CHAMP!
C'EST PARFOIS TOUT CE QU'UN CHAT COMPREND

DES PISTACHES! ET ELLES SONT TOUTES À MOI!
CRAC
BOING!
© 1987 United Feature Syndicate, Inc.
SNIF SNIF SNIF
SNORT!
SLURP!
JIM DAVIS 2-1
LES CHIENS SEMBLENT GENTILS MAIS IL NE FAUT PAS SE METTRE EN TRAVERS DE LEUR APPÉTIT
BURP

JIM DAVIS 2-2
BONK!
GARFIELD! DIS QUELQUE CHOSE!
TANTE EMMA? EST-CE TOI?
© 1987 United Feature Syndicate, Inc.

JIM DAVIS 2-3
TU AS FAIT UNE VILAINE CHUTE GARFIELD. EST-CE QUE ÇA VA?
GARFIELD? QUI EST GARFIELD?
CIEL! IL A PERDU LA MÉMOIRE!
JE ME RAPPELLE POURTANT D'UNE PETITE FRINGALE
© 1987 United Feature Syndicate, Inc.

L'AMNÉSIE A SES BONS CÔTÉS. CE SERA BIEN DE DÉCOUVRIR QUEL GENRE DE TYPE JE SUIS
JIM DAVIS 2-4
© 1987 United Feature Syndicate, Inc.
ARRRGH!
OH NON! JE SUIS UN CHAT!

ODIE TE FERA PEUT-ÊTRE RECOUVRER LA MÉMOIRE
QUEL MIGNON CHIEN-CHIEN! VIENS ICI!
© 1987 United Feature Syndicate, Inc.
YIP! YIP! YIP!
JE ME DEMANDE SI CE GARFIELD ME PLAIRA?
JIM DAVIS 2-5

REGARDE GARFIELD, C'EST POOKY. TON JOUET PRÉFÉRÉ ET TON MEILLEUR AMI. TU TE SOUVIENS DE POOKY?
JIM DAVIS 2-6
NE SOIS PAS RIDICULE! JE SUIS UN CHAT ADULTE. QUE FERAIS-JE D'UNE PELUCHE?
© 1987 United Feature Syndicate, Inc.

GRÂCE À L'AMNÉSIE, JE PEUX REPARTIR À ZÉRO. JE DÉCIDE QUI JE VEUX ÊTRE
JIM DAVIS 2-7
© 1987 United Feature Syndicate, Inc.
JE SUIS (BURP!) UN GLOUTON

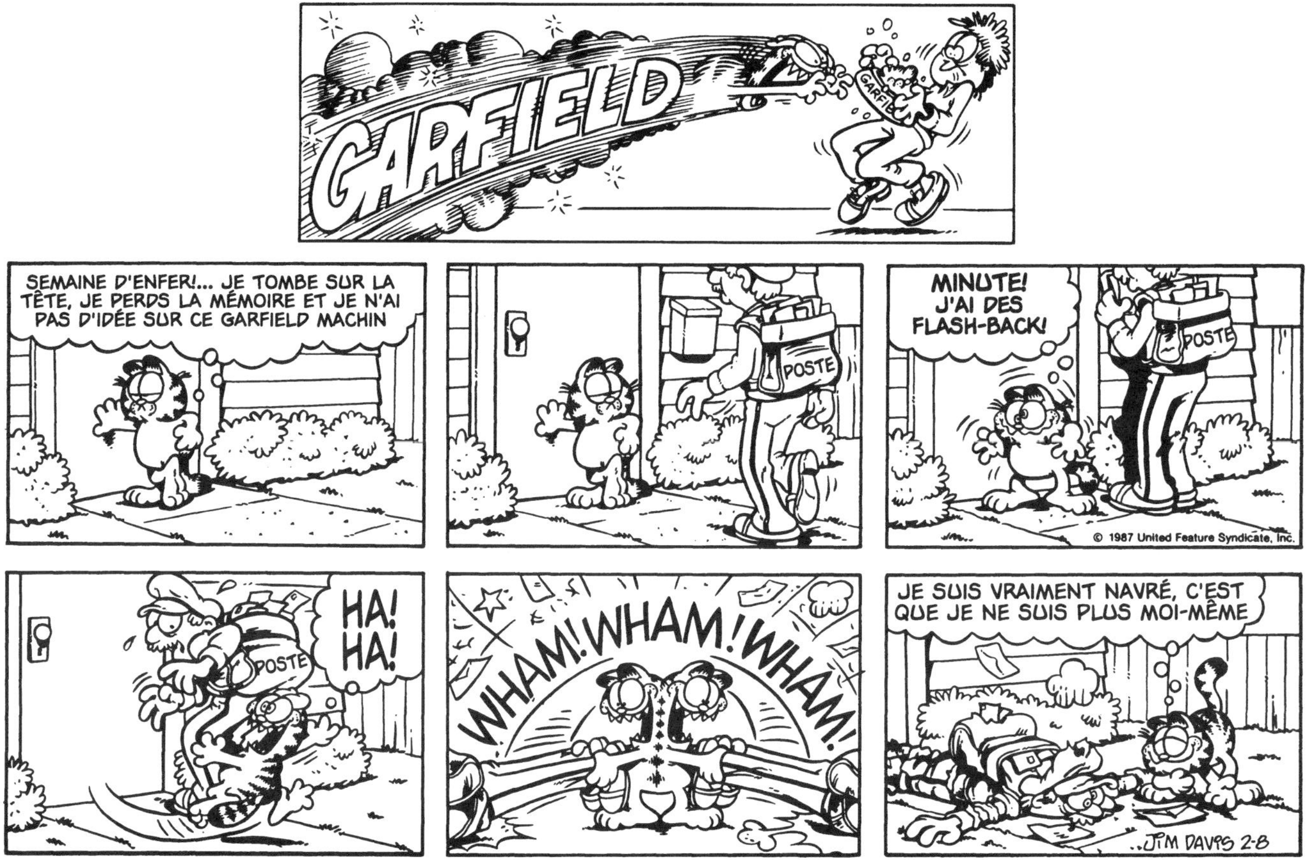
GARFIELD
GARFIELD
SEMAINE D'ENFER!... JE TOMBE SUR LA TÊTE, JE PERDS LA MÉMOIRE ET JE N'AI PAS D'IDÉE SUR CE GARFIELD MACHIN
POSTE
MINUTE! J'AI DES FLASH-BACK!
POSTE
© 1987 United Feature Syndicate, Inc.
POSTE
HA! HA!
WHAM! WHAM! WHAM!
JE SUIS VRAIMENT NAVRÉ, C'EST QUE JE NE SUIS PLUS MOI-MÊME
JIM DAVIS 2-8

L'AMNÉSIE EST CHOSE BIZARRE. CE GARFIELD M'EST TOTALEMENT ÉTRANGER
© 1987 United Feature Syndicate, Inc.
J'IGNORE TOUT DE LUI
HORMIS CE QUE CE SALIGAUD A FAIT DE MA SILHOUETTE
JIM DAVIS 2-9

CELA DEVRAIT TE RAPPELER DES SOUVENIRS, GARFIELD... UNE LASAGNE!
© 1987 United Feature Syndicate, Inc.
NON MERCI! VOUS N'AURIEZ PAS PLUTÔT UNE SOURIS BIEN DODUE?
ARRRGH!
CE TRUC VA ME COLLER AUX MOUSTACHES
JIM DAVIS 2-10

DOCTEUR, VOUS DEVEZ L'AIDER À RETROUVER LA MÉMOIRE
IL NE DONNE PLUS DE BAFFES À ODIE, NE DÉCHIRE PLUS LES FAUTEUILS, NE PARESSE PLUS, N'EST PLUS DÉSOBLIGEANT...
ET VOUS VOULEZ QUE JE LE GUÉRISSE?
À BIEN Y PENSER...
© 1987 United Feature Syndicate, Inc.
JIM DAVIS
2-11

JIM DAVIS 2-12
VÉRIFIONS SES RÉFLEXES
DONK!
© 1987 United Feature Syndicate, Inc.
DOING!
NORMAL!
POUR GARFIELD

NOUS POURRIONS PEUT-ÊTRE LE GUÉRIR EN TRAUMATISANT LÉGÈREMENT SON CRÂNE
FRAPPER MON CHAT SUR LA TÊTE? QUI FERAIT UNE CHOSE PAREILLE?
© 1987 United Feature Syndicate, Inc.
PUIS-JE VOUS AIDER?
VOUS MÊLEZ PAS DE ÇA!
JIM DAVIS 2-13

ALLEZ-Y! UN LÉGER COUP SUR LA TÊTE RAVIVERA PEUT-ÊTRE SA MÉMOIRE
DONK!
GONK!
JIM DAVIS
© 1987 United Feature Syndicate, Inc.
HÉ! JE ME SOUVIENS! C'EST MOI, GARFIELD LE CHAT!
GARFIELD? QUI EST GARFIELD?
2-14

GARFIELD
FRICH
FRICH
FRICH
FRICH
?
FRICH
FRICH
FRICH
?!!
FRICH
FRICH
FRICH
© 1987 United Feature Syndicate, Inc.
JIM DAVIS 2-15
TAP
TAP
TAP

RIIINNNGG
Z
JIM DAVIS 2-16
© 1987 United Feature Syndicate, Inc.
SMASH!
JE HAIS LES RÉVEILLE-MATIN!

JE HAIS LES ARAIGNÉES!
JIM DAVIS 2-17
© 1987 United Feature Syndicate, Inc.
STOMP!
JE HAIS MA HAINE DES ARAIGNÉES

JIM DAVIS 2-18
© 1987 United Feature Syndicate, Inc.
JE HAIS LES BEIGNETS EN CIRE

© 1987 United Feature Syndicate, Inc.
JIM DAVIS 2-19
FWANG!
JE HAIS LES CHAISES PLIANTES

SWOUSH
© 1987 United Feature Syndicate, Inc.
PAF!
JE HAIS LES JOURS VENTEUX
JIM DAVIS 2-20

Z
© 1987 United Feature Syndicate, Inc.
CRAC
JE HAIS LES CRAMPES DANS LES JAMBES
JIM DAVIS 2-21

Garfield
C'EST L'UN DE CES MATINS
© 1987 United Feature Syndicate, Inc.
OÙ ON VIENT À PEINE D'OUVRIR L'OEIL ET ON DIRAIT QUE ÇA FAIT DEUX JOURS
SI JE PARVIENS JUSQU'À MON CAFÉ, JE ME SENTIRAI MIEUX
JIM DAVIS 2-22
JE L'APERÇOIS! ALLEZ GARFIELD! UN DERNIER EFFORT!
WHAM!
Z
SI PRÈS ET POURTANT SI LOIN

JIM DAVIS 2-23
© 1987 United Feature Syndicate, Inc.
ZOUM
ZOUM
ZOUM

JIM DAVIS 2-24
© 1987 United Feature Syndicate, Inc.
MIAM
MIAM
MIAM
PFFT!

AH! PAUVRE PETIT BEIGNET! TU SEMBLES SI SEUL
JIM DAVIS 2-25
© 1987 United Feature Syndicate, Inc.
TU AS BESOIN DE COMPAGNIE
J'AI UNE LASAGNE À TE PRÉSENTER

PUIS-JE AVOIR LA MOITIÉ DE CE BEIGNET, GARFIELD?
© 1987 United Feature Syndicate, Inc.
NON!
ZOUM!
JIM DAVIS 2-26

GARFIELD!
C'EST MON DERNIER BEIGNET À LA CONFITURE!
PAN!
SPLASH!
JIM DAVIS 2·27
© 1987 United Feature Syndicate, Inc.

QUELLE GARNITURE À L'INTÉRIEUR? CRÈME PÂTISSIÈRE?
JIM DAVIS 2·28
SAURAIS-TU QUELQUE CHOSE À PROPOS D'UN BEIGNET FOURRÉ AUX ÉPINARDS?
© 1987 United Feature Syndicate, Inc.

DES BEIGNETS!
MIAM
CHOMP
MIAM
SMACK
© 1987 United Feature Syndicate, Inc.
ENCORE! IL M'EN FAUT ENCORE!
ENCORE!
MAMIE!
POW
GARFIELD?
ATTACHE-MOI AVANT QUE J'AIE UNE AUTRE FRINGALE
JIM DAVIS 3-1

WOUF!
JIM DAVIS 3-2
© 1987 United Feature Syndicate, Inc.
ARRIÈRE, SALE CABOT OU JE T'ÉGRATIGNE LES...
CHEVILLES. AÏE!

© 1987 United Feature Syndicate, Inc.
ARRRGH!
JIM DAVIS
CE N'ÉTAIT QU'UN RÊVE! CE N'ÉTAIT QU'UN RÊVE! CE N'ÉTAIT QU'UN RÊVE!
3-3

GARFIELD, JE ME DEMANDE CE QUE JE VOIS EN TOI
PAS FACILE À DIRE, HEIN?
TU ES IMPOLI, ARROGANT, GROS, ÉGOÏSTE, ÉGOTISTE ET TOTALEMENT DÉPOURVU DE CHARME
JE NE SUIS PAS ÉGOTISTE
3-4
© 1987 United Feature Syndicate, Inc.
JIM DAVIS

ARLÈNE, IL EST TEMPS DE PARLER SÉRIEUSEMENT
CROIS-TU?
OUI, DE L'ORTHODONTISTE QUI POURRAIT REDRESSER TES DENTS ÉCARTÉES
LA VÉRITÉ FAIT MAL
JIM DAVIS
© 1987 United Feature Syndicate, Inc.
3-5

EUF
ARRRRGH!
© 1987 United Feature Syndicate, Inc.
JIM DAVIS 3-6

J'AIME BIEN QUAND JON PRÉPARE UN GÂTEAU
PARCE QUE JE PEUX LÉCHER LA GLACE AU FOND DU BOL
GARFIELD!!
BIEN SÛR, IL PRÉFÈRE QUE CE SOIT **APRÈS** QU'IL AIT GLACÉ SON OEUVRE
JIM DAVIS 3-7
© 1987 United Feature Syndicate, Inc.

GARFIELD
GARFIELD
ZUT! LA MACHINE EST DÉFECTUEUSE
FFT!
BANG!
GARGL
© 1987 United Feature Syndicate, Inc.
VIENS GARFIELD, IL FAUT ALLER À LA LAVERIE
NON JON, N'IMPORTE OÙ MAIS PAS LÀ!
TU SAIS CE QUI S'Y PASSE, EN PARTICULIER LE WEEK-END
JIM DAVIS 3-8
LAVERIE
JE ME VENGERAI!
en panne

GARFIELD, IL FAUT PLUS DE LÉGUMES À TON ORGANISME
ALORS QUOI? TU VAS M'ENFONCER UNE CAROTTE DANS LE COEUR?
JIM DAVIS
TIENS! MANGE DES ÉPINARDS!
OH NON!
© 1987 United Feature Syndicate, Inc.
HEU! BLUP! EURK!
CESSE TON MÉLO, GARFIELD!
3-9

MANGE TES ÉPINARDS, GARFIELD!
3-10
C'EST BON POUR LA SANTÉ
© 1987 United Feature Syndicate, Inc.
VOILÀ QUI EST MIEUX!
JIM DAVIS

MANGE DES ÉPINARDS, GARFIELD
JIM DAVIS 3-11
© 1987 United Feature Syndicate, Inc.
ET GARNISSONS-LES D'UNE PLEINE BOÎTE DE RAISINS
JE LES DÉTESTE AUTANT!
ZIP!

DES ÉPINARDS!
JIM DAVIS 3-12
© 1987 United Feature Syndicate, Inc.
ILS ONT L'AIR DÉGUEU, LEUR GOÛT EST DÉGUEU
SPLUT!
MÊME LEUR SON EST DÉGUEU

BEURK! DES ÉPINARDS!
3-13
JIM DAVIS
GARFIELD! TU AS MANGÉ TOUS TES ÉPINARDS!
PAS VRAIMENT. ILS SONT DANS LA SALIÈRE
© 1987 United Feature Syndicate, Inc.

JE HAIS LES ÉPINARDS
JIM DAVIS 3-14
ILS SONT VERTS, VISQUEUX
ET ON DIRAIT QU'ILS REMUENT
© 1987 United Feature Syndicate, Inc.

JIM DAVIS 3-15
VLAN!
© 1987 United Feature Syndicate, Inc.
N'EST-CE PAS RÉVOLTANT? REGARDE ÇA, REBA?
JE REGARDE! JE REGARDE!

DRINNGG!
HELLO? JE CROIS QUE VOUS AVEZ LE MAUVAIS NUMÉRO
MAIS... VOUS POURRIEZ EN FAIRE UN NUMÉRO GAGNANT, MA BICHE!
NOUS VOICI DEVANT UN HOMME BIEN SEUL
JIM DAVIS 3-16
© 1987 United Feature Syndicate, Inc.

COMMENT VOUS APPELEZ-VOUS, BEAUTÉ DES ÎLES?
JE N'EN CROIS PAS MES OREILLES
SORTONS ENSEMBLE!
UN RENDEZ-VOUS AVEC UN MAUVAIS NUMÉRO?
DEMAIN À DIX-NEUF HEURES? SUPER!
UN MAUVAIS NUMÉRO QUI N'A RIEN À PERDRE
JIM DAVIS
© 1987 United Feature Syndicate, Inc.
3-17

GARFIELD, JE TE PRÉSENTE MA COPINE
JIM DAVIS 3-18
MAMMA MIA!
QU'A DONC VOTRE CHAT?
EUH... LES MARGUERITES LE TERRIFIENT
© 1987 United Feature Syndicate, Inc.

SOIS GENTIL ENVERS ELLE. ELLE EST PEUT-ÊTRE CHATOUILLEUSE À PROPOS DE SON POIDS
COMMENT EST-ELLE ENTRÉE? PAR LE GARAGE?
ELLE S'APPELLE BERTHA
JE ME DISAIS
JIM DAVIS 3-19
ELLE EST FANTASTIQUE. ON NE JUGE PAS UN LIVRE À SA COUVERTURE
NI UN PAQUEBOT À SA COQUE
© 1987 United Feature Syndicate, Inc.

JIM DAVIS
BERTHA, JE VOUS PRÉSENTE GARFIELD
IL POURRAIT AVOIR PLUS DE CHAIR SUR LES OS
© 1987 United Feature Syndicate, Inc.
AFFECTUEUX, N'EST-CE PAS?
IL NE RÉSISTE PAS AUX COMPLIMENTS
3-20

PENSE VITE JON! TROUVE QUELQUE CHOSE DE GENTIL À DIRE À LA DAME!
© 1987 United Feature Syndicate, Inc.
QU'EST-CE QUE VOS DENTS SONT RONDES!
JE MANGE BEAUCOUP
JIM DAVIS 3-21
NE ME DITES PAS!
NON, C'EST VRAI!

LE VOICI! COMME JE TE L'AI DIT!
Z
HÉ! LE CHAT! POURQUOI CE PIÈGE?
QUOI DONC...?
© 1987 United Feature Syndicate, Inc.
IL S'AGIT D'UNE VIOLATION DIRECTE À NOTRE ACCORD DE PAIX
FICHEZ-MOI LA PAIX!
JIM DAVIS 3-22
AUSSI, CE SERA LA GUERRE!
PERSONNE NE VOUS OBLIGE À MARCHER DEDANS
AUX ARMES! AUX ARMES!
NOUS ALLONS RIGOLER
ALLUMETTES
HB
IL FUT UN TEMPS OÙ J'AIMAIS LES SOURIS

NE FAIS PAS MAUVAISE IMPRESSION SUR BERTHA
T'EN FAIS PAS, JON. JE TE LAISSE CE SOIN
JIM DAVIS 3-23
PRÊTE POUR LE DÎNER, BERTHA?
© 1987 United Feature Syndicate, Inc.
LE CIEL EST-IL BLEU?
LES CHATS HAÏSSENT-ILS LES CHIENS?

JE PENSE QUE VOUS APPRÉCIEREZ CE RESTAURANT, BERTHA
EN AUTANT QU'ON Y SERT À MANGER
LA DAME DE MES PENSÉES
JIM DAVIS
PRÉFÉREZ-VOUS UNE TABLE OU UNE BANQUETTE?
UNE TABLE, JE VOUS PRIE
ET LA BANQUETTE POUR LA DAME
© 1987 United Feature Syndicate, Inc.
QUE FAUT-IL FAIRE POUR ÊTRE SERVIE DANS CETTE GARGOTE?
D'ABORD SE RENDRE À SA TABLE
RÈGLEMENT STUPIDE
3-24

COMMENT MADAME DÉSIRE-T-ELLE SON BIFTECK?
JIM DAVIS
CONDUISEZ LE BOEUF ICI ET JE MORDRAI DEDANS!
© 1987 United Feature Syndicate, Inc.
3-25
HA! HA! HA! HA!
HA! HA! HA!
TOI AUSSI, MON FILS?

FLÛTE, JE SUIS INCAPABLE D'AVALER UNE AUTRE BOUCHÉE. L'UN DE VOUS AIMERAIT-IL...
SHOUP!
JIM DAVIS 3-26
© 1987 United Feature Syndicate, Inc.
GRRR
BRRR
NOUS NE FERONS PAS DE RESTES

VOUS AVEZ AIMÉ VOTRE REPAS, BERTHA?
SUPER!
MERCI!
PAF!
SPLUT!
ENCORE CHANCEUX QU'ELLE N'AIT PAS DÉTESTÉ
© 1987 United Feature Syndicate, Inc.
JIM DAVIS 3-27

CE FUT UNE BELLE SOIRÉE, BERTHA. J'ESPÈRE QUE VOUS VOUS ÊTES AMUSÉE
OUI, J'AI PASSÉ UN BON MOMENT
MMMPFF
QUEL EST LE SCORE?
JE CROIS AVOIR FAIT BONNE IMPRESSION
3-28
JIM DAVIS
© 1987 United Feature Syndicate, Inc.

GARFIELD
NA, NA, NA, NA, NA, NA, NA, NAAA
IL TE FAUT PORTER UN MANTEAU POUR LA PROMENADE
© 1987 United Feature Syndicate, Inc.
NOUS ALLONS CROISER D'AUTRES CHIENS ET ILS SE MOQUERONT DE TOI
NA, NA, NA, NA, NA, NA, NA, NAAA
ALLEZ GARFIELD! PRÉPARONS-NOUS À LA PROMENADE
JIM DAVIS 3-29
PEUT-ÊTRE SERAI-JE FRAPPÉ PAR LA FOUDRE ET ELLE M'ÉVITERA L'HUMILIATION?

GARFIELD, VOICI LE NOUVEAU MEMBRE DE LA FAMILLE, GAZOU
JIM DAVIS 3-30
JE SUIS CONVAINCU QUE VOUS VOUS ENTENDREZ À MERVEILLE
© 1987 United Feature Syndicate, Inc.
SÛR ET CERTAIN. TU N'AURAIS PAS DU GAZ POUR LE CHALUMEAU?

HELLO! JE M'APPELLE GAZOU. JE GAZOUILLE AFIN D'ÉGAYER VOS MATINÉES
© 1987 United Feature Syndicate, Inc.
ÉGAYER MA MATINÉE? TU VEUX ÉGAYER MA MATINÉE?
JIM DAVIS 3-31
ALORS SORS DE LÀ ET VIENT T'ÉTENDRE ENTRE CES DEUX TRANCHES DE PAIN
JON!

COMMENT AIMES-TU GAZOU, GARFIELD?
AUTANT QUE LES CHIENS ET LES LUNDIS
TU N'AS PAS L'INTENTION DE LUI FAIRE DE MAL?
JE NE VOIS PAS DE QUOI TU PARLES
ALORS POURQUOI EST-IL COUVERT DE SAUCE AUX HUÎTRES?
UNE VIEILLE RECETTE DE FAMILLE
JIM DAVIS 4-1
© 1987 United Feature Syndicate, Inc.

CUI-CUI!
JIM DAVIS 4-2
BONG!
NOUS SOMMES-NOUS RAPPELÉS COMMENT OUVRIR LA CAGE?
NOUS AVIONS OUBLIÉ QUE LES OISEAUX VOLENT
© 1987 United Feature Syndicate, Inc.

HÉ L'OISEAU! TU TE CROIS EN SÛRETÉ, HEIN?
EH BIEN, J'AI UNE SURPRISE POUR TOI!
© 1987 United Feature Syndicate, Inc.
JIM DAVIS 4-3
AURIEZ-VOUS, PAR HASARD, DÉJÀ ENTENDU UN CHAT CRIER?

HÉ GARFIELD! QUE FAIS-TU LÀ?
REGARDE! GAZOU EST SUR TA TÊTE!
JIM DAVIS 4-4
© 1987 United Feature Syndicate, Inc.
OÙ EST MON APPAREIL-PHOTO?
LA VIE EST INJUSTE

Garfield
TU SAIS GARFIELD, LE PARTAGE EST L'UN DES PLAISIRS DE LA VIE
MIAM!
JIM DAVIS 4-5
© 1987 United Feature Syndicate, Inc.
J'ADORE PROCURER DU PLAISIR À AUTRUI

VITE GARFIELD! C'EST BIENTÔT L'HEURE DE LA GYMNASTIQUE!
TU AS PROMIS D'ESSAYER, ALORS ALLONS-Y!
O.K. MAIS D'ABORD DIS-MOI...
COMMENT SUIS-JE CENSÉ ME MOUVOIR?
JIM DAVIS 4-6
© 1987 United Feature Syndicate, Inc.

GARFIELD!
TU AS MIS MES BASKETS EN PIÈCES!
UN JOUR, TU M'EN REMERCIERAS
LE JOGGING EST UNE MALADIE; J'EN SUIS LE VACCIN
JIM DAVIS 4-7
© 1987 United Feature Syndicate, Inc.

ALORS, LE DOS BIEN DROIT, LES MAINS SUR LES HANCHES
CEUX QUI NE PEUVENT REPÉRER LEURS HANCHES, ALLEZ-Y AU PIF
JE HAIS LES MONITEURS SARCASTIQUES
© 1987 United Feature Syndicate, Inc.
JIM DAVIS 4-8

LES SAUTS EN HAUTEUR, AU COMPTE DE DEUX...
JIM DAVIS 4-9
© 1987 United Feature Syndicate, Inc.
UN!
CRASH!
À PROPOS, AVANT DE COMPTER JUSQU'À DEUX, NE FAITES PAS CET EXERCICE SUR UN PARQUET CIRÉ DEPUIS PEU
C'EST MAINTENANT QU'IL LE DIT

BIEN! ON POUSSE VERS LE HAUT!
... ET ON RAMÈNE!
... VERS LE HAUT!
JE SUIS PROFILÉ POUR LES TRACTIONS
JIM DAVIS 4-10
© 1987 United Feature Syndicate, Inc.

SÉRIEUSEMENT LINDA! JE SUIS UN TYPE DRÔLE. JE FAIS DES IMITATIONS!
VOUS FAITES AUSSI DES IMITATIONS? ALLEZ-Y!
ÉCOUTE GARFIELD! ELLE IMITE À PERFECTION LA TONALITÉ
SA CERVELLE N'A PAS DE TONALITÉ
JIM DAVIS 4-11
© 1987 United Feature Syndicate, Inc.

GARFIELD
GARFIELD?
Z
EUF
VA T'AMUSER POOKY
ÇA PAR EXEMPLE...!
ZIP!
HÉ! MINUTE PAPILLON! JE SUIS CLOUÉ AU LIT!
QUOI?!!
© 1987 United Feature Syndicate, Inc.
JIM DAVIS 4·12
JE SUPPOSE QUE C'EST À CAUSE DU LÉZARD DANS TA CHAUSSURE?
NOUS SOMMES QUITTES

QUEL MALPROPRE TU FAIS GARFIELD! POURQUOI N'ES-TU PAS PROPRE COMME LES AUTRES CHATS?
GARFIELD
© 1987 United Feature Syndicate, Inc.
TU ES CENSÉ TE LAVER COMME CELA
BON, D'ACCORD
GARFIELD
COMMENCE PAR CETTE PATTE ET FAIS ÇA VITE! TU AS BEAUCOUP DE TERRAIN À COUVRIR
GARFIELD
JIM DAVIS 4-13

© 1987 United Feature Syndicate, Inc.
VOIS-TU QUELQUE CHOSE À TON GOÛT?
JIM DAVIS 4-14

SAVEZ-VOUS CE QUE JE HAIS À PROPOS DE CE LIT?
GARGL!
TENTER DE DORMIR SUR LE DOS
JIM DAVIS 4-15
© 1987 United Feature Syndicate, Inc.

L'HEURE DE SE LEVER
JIM DAVIS 4-16
CREAK!
CRACK!
AUSSI L'HEURE DE FAIRE UN RÉGIME!
© 1987 United Feature Syndicate, Inc.

AH NON! T'AS ENCORE MÂCHONNÉ LE JOURNAL!
JIM DAVIS 4-17
HÉ! CE N'EST PAS MON JOURNAL! CE DOIT ÊTRE CELUI DU VOISIN
© 1987 United Feature Syndicate, Inc.
TOC! TOC! TOC!
UN VOISIN QUI FAIT PRÉCISÉMENT 150 KG

GLACE MINCE
© 1987 United Feature Syndicate, Inc.
PLOUF!
GLACE MINCE
HÉ! CETTE GLACE N'EST PAS MINCE!
TOI NON PLUS
GLACE MINCE
JIM DAVIS 4-18

Garfield
JE LANCE L'OS ET TU COURS LE CHERCHER, O.K. ODIE?
WOUF!
VAS-Y!
ODIE A MARCHÉ DANS LE PIÈGE SANS SE DOUTER DE RIEN
© 1987 United Feature Syndicate, Inc.
JIM DAVIS 4-19
BEDOUM
ZIP!
QUELLE ESPÈCE DE CHIEN AURAIT UN OS PAREIL?
OH! CE GENRE DE CHIEN!

C'EST LE JOUR RÊVÉ POUR RESTER AU LIT ET PHILOSOPHER SUR LES PETITES VÉRITÉS
WOUF! WOUF!
DEBOUT, GARFIELD!
RINNNNG!
© 1987 United Feature Syndicate, Inc.
DES VÉRITÉS DU GENRE: ABOLISSONS LE LUNDI!
JIM DAVIS 4-20

LA VIE A BEAUCOUP À OFFRIR: LA MUSIQUE, LES ARTS, LA LITTÉRATURE...
JIM DAVIS 4-21
JE SONGE PARFOIS À M'INSTRUIRE DE CES CHOSES...
© 1987 United Feature Syndicate, Inc.
PUIS JE ME DIS: "TIENS-T'EN À CE QUE TU CONNAIS!"
GARFIELD

COMMENT ES-TU DEVENU SI PARESSEUX, GARFIELD?
L'INTELLIGENCE, LA TÉNACITÉ, DES EFFORTS SOUTENUS, LA VOLONTÉ. ON NE NAÎT PAS PARESSEUX, C'EST UN ART QUI S'ACQUIERT...
JE N'AURAIS PAS DÛ DEMANDER
... UN ART QUE L'ON AFFINE, UN PEU COMME LA POÉSIE, LA DANSE OU LA MUSIQUE
© 1987 United Feature Syndicate, Inc.
JIM DAVIS 4·22

VOICI LE FACTEUR, GARFIELD. QUE TA CONDUITE SOIT IRRÉPROCHABLE!
JIM DAVIS
4-23
GRRR!
© 1987 United Feature Syndicate, Inc.
C'EST L'UNE DES FOIS OÙ JE ME SUIS LE MIEUX CONDUIT

J'AI TROP MANGÉ
JIM DAVIS 4-24
JON VA PROBABLEMENT ME SERMONNER
GARFIELD
© 1987 United Feature Syndicate, Inc.
GARFIELD, TU AS TROP MANGÉ
J'ESPÉRAIS QUE TU NE T'EN APERÇOIVES PAS

SCRIIII
ET QUE FAIS-TU AU JUSTE?
JIM DAVIS 4-25
© 1987 United Feature Syndicate, Inc.
FIOU!
À TOI!
TU DOIS JUSTIFIER TES MOINDRES GAFFES, N'EST-CE PAS?

ZUT! DES ABEILLES!
© 1987 United Feature Syndicate, Inc.
DÉGAGEZ, ICI C'EST MON TERRITOIRE!
Z?!
LE NUMÉRO DE L'ABEILLE GÉANTE FONCTIONNE À TOUT COUP
ZZZZZ
JIM DAVIS 4·26
ZZZZZZZ

IL ÉTAIT MIDI LORSQUE L'ÉTRANGER FIT IRRUPTION SUR LA GRAND'PLACE
4-27
JIM DAVIS
© 1987 United Feature Syndicate, Inc.
VOICI LE MOMENT QUE JE PRÉFÈRE...
IL ATTACHA SA MONTURE ET ENTRA D'UN PAS TRANQUILLE DANS LE SALOON

JE SUIS AFFAMÉ
GARFIELD
4-28
© 1987 United Feature Syndicate, Inc.
DONC JE SUIS!
GARFIELD
TU ESSAIES DE RATIONALISER TA GLOUTONNERIE, GARFIELD?
JE NE CAUSE PAS PHILO AVEC LES TÊTES DE LINOTTE
JIM DAVIS
GARFIELD

FASSE QUE JE DORME D'UN SOMMEIL...
JIM DAVIS 4-29
UN INSTANT S.V.P....
© 1987 United Feature Syndicate, Inc.
JE CROIS QUE GARFIELD VIENT D'OUVRIR LE FRIGO

JON! JON! DEBOUT! C'EST TERRIBLE! C'EST HORRIBLE! TU DOIS FAIRE QUELQUE CHOSE!
© 1987 United Feature Syndicate, Inc.
QU'Y A-T-IL GARFIELD? LA MAISON EST EN FEU? UN CAMBRIOLEUR?
PIS ENCORE!!!
J'AI DES TIRAILLEMENTS D'ESTOMAC!
JIM DAVIS 4-30

JE SAVOURE VRAIMENT MA PUISSANCE
JIM DAVIS 5-1
© 1987 United Feature Syndicate, Inc.
À PRÉSENT, JE VEUX REGARDER UN MAGAZINE CULINAIRE
CLIC

JON A POSÉ UNE TARTE SUR LE REBORD DE LA FENÊTRE POUR ME TENTER
© 1987 United Feature Syndicate, Inc.
QUE L'ON SACHE QUE JE SUIS CAPABLE DE RÉSISTER À LA TENTATION!
MAIS JE CHOISIS DE N'EN RIEN FAIRE!
JIM DAVIS 5-2

Garfield
© 1987 United Feature Syndicate, Inc.
REGARDE GARFIELD! UN BALLON GÉANT!
VOYONS DE PLUS PRÈS
EUH... PLUTÔT IMPRESSIONNANT, GARFIELD
TU N'AS ENCORE RIEN VU
PFT!
PFT!
PFT!
GARFIELD?!
PFT!
PFT!
PFT!
PFT!
ÇA SUFFIT, GARFIELD!
PAS ENCORE!
PFT!
PFT!
PFT!
PFT!
PFT!
PFT!
DÉNOUE-LE! DÉNOUE-LE!
CHOISIS: LE BALLON OU MOI!
JIM DAVIS 5-3

AH HA! JON TENTE DE PARTIR EN VACANCES SANS MOI?
JE LUI RÉSERVE UNE PETITE SURPRISE
© 1987 United Feature Syndicate, Inc.
QUI A DIT QUE RIEN DE BIEN NE SURVIENT LE LUNDI?
JIM DAVIS 5-4

PARESSE ET PROCRASTINATION VONT DE PAIR
© 1987 United Feature Syndicate, Inc.
VOYEZ CES POILS?
CE SONT DES POILS QUE JE N'AI PAS EU LE TEMPS DE PERDRE L'ANNÉE DERNIÈRE
JIM DAVIS 5-5

JIM DAVIS 5-6
© 1987 United Feature Syndicate, Inc.
EUH... LE VOLUME EST AU MAX ET POURTANT PAS UN SON
JE DEVRAIS PRÉVENIR JON

ON DIT QU'À L'INTÉRIEUR DE TOUT OBÈSE SE TROUVE QUELQU'UN DE MINCE QUI CHERCHE À SE LIBÉRER
JE VOIS CE QUE TU VEUX DIRE
© 1987 United Feature Syndicate, Inc.
LE MIEN S'EST ÉCHAPPÉ IL Y A NEUF ANS ET N'EST JAMAIS REVENU
JIM DAVIS 5-7

HÉ GARFIELD! LES COPAINS ET MOI VOULONS TE TÉMOIGNER NOTRE ATTACHEMENT
CHARMANT!
5-8
POURQUOI CETTE MARQUE D'AFFECTION?
NOUS AIMONS TE SAVOIR LÀ
© 1987 United Feature Syndicate, Inc.
SANS COMPTER QUE SI TU PARTAIS, JON POURRAIT ADOPTER UN VRAI CHAT!
JIM DAVIS

QUE DIRAIS-TU D'UN BON PETIT-DÉJEUNER POUR DEUX, GARFIELD?
BONNE IDÉE!
SLAM!
CLIC
© 1987 United Feature Syndicate, Inc.
JIM DAVIS 5-9
JON EST PARFOIS ATTENTIONNÉ

GARFIELD
UN IMPRUDENT A LAISSÉ LA PORTE DE LA CAVE OUVERTE
JON M'A RÉPÉTÉ CENT FOIS DE FERMER CETTE PORTE
© 1987 United Feature Syndicate, Inc.
SINON, QUELQU'UN RISQUE DE SE BLESSER
VLAN!
BEDING BEDANG BEDING BEDANG BEDING BEDANG
BONK!
NAVRÉ, JON!
JIM DAVIS 5-10

J'AI FAIM!
PATIENCE, GARFIELD!
TU DOIS APPRENDRE CE QU'EST LA PATIENCE
© 1987 United Feature Syndicate, Inc.
LA PATIENCE, C'EST ATTENDRE QUE LA PIZZA DÉCONGÈLE
JIM DAVIS 5-11

REGARDE TON TOUR DE TAILLE, GARFIELD! DÉGOÛTANT!
© 1987 United Feature Syndicate, Inc.
JE TE METS AU RÉGIME
JIM DAVIS 5-12
MOUCHARD!

BONJOUR DIÈTE! ADIEU BOUFFE!
ERRRK!
HELLO MALAISE DU SEVRAGE DU SUCRE!
© 1987 United Feature Syndicate, Inc.
JIM DAVIS 5-13

ODIE, ON DIT QUE LES CHIENS SERVENT À PISTER LES CHOSES ÉGARÉES. TU PEUX PEUT-ÊTRE M'AIDER...
VOICI LA PHOTO D'UNE LASAGNE. TROUVE-LA À PRÉSENT!
GRRRRRR!
© 1987 United Feature Syndicate, Inc.
JIM DAVIS 5-14

SEULEMENT DEUX JOURS DE DIÈTE ET DÉJÀ JE ME SENS PLUS SVELTE!
© 1987 United Feature Syndicate, Inc.
C'EST SÛREMENT UN REFLET À RETARDEMENT
JIM DAVIS 5-15

LA GRAISSE EST UNE DRÔLE DE CHOSE. ON N'EN PERD JAMAIS LÀ OÙ ON LE VOUDRAIT
© 1987 United Feature Syndicate, Inc.
LA GRAISSE PRATIQUE L'HUMOUR NOIR
JIM DAVIS 5-16

Z
GNAR-FIELD!!!
MIAM! MIAM!
ENCORE!
GARFIELD, TA GLOUTONNERIE EST INCONTRÔLABLE!
ALLEZ HOP!
© 1987 United Feature Syndicate, Inc.
5-17
DES CARGAISONS DE BOUFFE! PARACHUTEZ-EN DANS MON GOSIER! À PLEINS CAMIONS! VITE! J'AI FAIM!
AH... LE DESSERT!
POUF!
LES SEULS AVANTAGES D'UNE DIÈTE SONT LES RÊVES QUI EN DÉCOULENT
JIM DAVIS

COMMENT DESSINER GARFIELD

CORRECT

INCORRECT

JIM DAVIS

ATTENTION, CONSOMMATEURS!

ceci N'EST PAS LE VÉRITABLE GARFIELD

ceci N'EST PAS LE VÉRITABLE GARFIELD

ceci N'EST PAS LE VÉRITABLE GARFIELD

DEMANDEZ LE VRAI, L'AUTHENTIQUE, L'ORIGINAL!